L'AURORE

DE

NAPOLÉON IV

PAR

Jacques BRETON

PRÊTRE DU DIOCÈSE DE TULLE

CLERMONT-FERRAND

TYPOGRAPHIE FERDINAND THIBAUD, RUE SAINT-GENÈS

1856

L'AURORE

DE NAPOLÉON IV

Dans le vieux royaume de France et de Navarre, dans l'empire qui s'appelle l'Empire français, dans un pays qui longtemps a porté le nom de Gaule, pays dont les guerriers firent trembler, à son début, et Rome la ville éternelle, et son Capitole, qui ne se sauve qu'aux cris d'alarme des oies devenues triomphantes; guerriers qui imposaient au Jupiter Stator, et dont les neveux sauvent encore et le Tibre, et les Colonnes, et les voies Appiennes et les Catacombes. Dans une ville, qu'on nomme Paris, il existe un berceau impérial; l'Europe et l'Asie le couvrent d'acclamations, la sainte Russie, qui domine des espaces comme le monde, qui, depuis la Chine, la Sibérie, la Perse, l'Autriche, la Prusse, les mers Noire et Baltique, étend des provinces fières de leur puissance et de leur gouvernement, leur empereur, digne de porter le nom d'Alexandre, a fait éclater des ovations universelles à St-Pétersbourg, à Mos-

cou ; jusque sur les champs de bataille de Sébastopol il a fêté l'aurore de Napoléon IV. La Grande-
Bretagne, mieux intentionnée qu'autrefois, a
lancé sur ses flottes martiales le tonnerre de
ses bronzes et envoie saluer le prince nouveau-
né. La France a prié pour avancer ses jours,
et sa glorieuse mère, l'Impératrice, présente
à l'univers un jeune Napoléon, qu'elle destine
à la gloire de la patrie, à la confiance des peuples, au maintien de l'ordre, au protectorat
de la religion, à l'admiration des publicistes,
aux auspices providentiels, où Dieu imprime
les destinées des grands empires.

Quis putas puer iste erit. Que pensez-vous
de cet enfant ? disait-on à la naissance de Jean-
Baptiste ; la main du Seigneur est avec lui.
Que pensons-nous aujourd'hui de Napoléon IV ?
Sur la lave encore peu refroidie des volcans
révolutionnaires, lorsque l'Europe gronde, et
travaille et s'agite, sans savoir où elle veut
aller ; lorsque des génies du premier ordre
veulent tout innover, et lâchent sans réserve
les écluses des passions pour arriver à un but
de destruction, et peu sûrs d'arrêter les tor-
rents dévastateurs, incertains des résultats
divergents de croyances, de vouloir et de me-
sures à prendre et à saisir, une naissance illustre sur le trône de France témoigne en
faveur de la puissance nationale, de la stabi-
lité, de la civilisation, et d'un concours plus

prospère des institutions d'un grand peuple.

L'Europe sera-t-elle une grande famille? Ses routes améliorées partout, ses télégraphes ingénieux, ses sympathies s'accroissant, permettent-ils d'espérer une bienveillance générale et un état commercial qui les enrichisse les uns et les autres? Enfin, l'esprit développé chez tous les peuples saura-t-il s'attacher au travail, à l'économie, à la modération, à la patience, à la foi religieuse, sans laquelle, tourmenté sans cesse, l'homme désire tout autre chose que ce qu'il peut obtenir? Verrons-nous une nouvelle époque de sages progrès, un cours plus régulier, plus prompt, plus intelligent surtout aux détails des différentes administrations? La sauvagerie des campagnes arrivera-t-elle à des idées plus étendues, plus franches, plus charitables, plus en harmonie avec le zèle de ceux qui veulent de la décence partout, des sacrifices modérés pour le bien public, et un concours d'union et de forces pour la sûreté de tous.

Nos villes prendront-elles, avec des allures commerciales et des institutions scientifiques, une attention religieuse pour les classes délaissées et ignorantes, pour ces bras inutiles, dont l'esprit attardé et le goût paresseux se refusent au travail et à l'agriculture, pour végéter dans toutes les privations ou s'immiscer à la filouterie et s'offrir aux caravanes de vau-

riens, qui inondent de grandes cités, et s'éri-
gent en Arabes dévastateurs et homicides?
Aurons-nous un terme, du moins un nombre
plus restreint, moins fatigant, pour la plaie
toujours saignante de la mendicité, et nos
villes et nos hameaux, chassant la peste et le
choléra, et les maladies plus perverses peut-
être, où la source des générations s'étiole, et
nos villes et nos campagnes s'élevant à la mo-
ralité des peuples qui veulent grandir? Dans
toute la France, l'ordre et la paix, le travail
et la patience, l'égalité devant la loi, les fils
de Brennus et de Clovis, de Charlemagne et
de Philippe-Auguste, de Henri IV et de Napoléon-le-Grand, formant un peuple digne
de leurs ancêtres, couleront des jours plus
sereins et moins orageux, prendront en pas-
sant le temps qui prépare l'éternité, et le déve-
loppement complet de cet être appelé l'homme,
que David a placé un peu au-dessous des anges.

Alors, ô Napoléon IV! vous serez appelé à
gouverner une nation dont les fastes un peu
sanglants se mêlent aux destinées de l'Europe;
vous lui conserverez sa prépondérance en tout
lieu, vous serez aimé de tout le monde, aimé
et respecté des peuples voisins, qui appren-
dront de vous ce que vaut la véritable grandeur, la justice, la douceur, la fermeté et les
nobles leçons des grands exemples.

Quel prince eut plus que vous un mémorial

de hauts faits, de vaillance, de science législative, et surtout d'admiration et d'amour,
dont la poitrine de vos armées exhale encore
les flammes les plus ardentes; les morts, chez
les Français, portent dans l'autre monde la
gloire impériale plus haute qu'aucun autre
peuple, et vos soldats animent le pas de charge
au souvenir de leurs frères combattant sous les
aigles déployées. Il fallut, pour la chute du
premier empereur Napoléon, Dieu qui s'en
mêle, les éléments, l'Europe ensemble, ensemble les traîtres, et un esprit de vertige qui
retint dans l'inaction l'armée de la Loire,
qu'on ne laissa pas combattre. Cette catastro-
phe, la plus terrible qu'ait jamais vue le monde,
vous apprendra que Dieu seul est grand, et
que les astres les plus brillants souffrent des
éclipses.

La Providence est revenue vers vous; vous
portez le nom illustre qui a enseigné le monde
et élevé nos armes au périgée de la gloire; l'é-
pée française dans vos mains resplendira toujours, et le souffle de la puissance parlera avec
elle le langage des braves et des héros. La
France n'a pas besoin de conquêtes, elle suffit
à son rang d'empire médiateur et redoutable;
elle veut s'améliorer, s'instruire encore davantage, s'éclairer et répandre les lumières; elle
préfère les beaux-arts, l'industrie, le commerce, à l'air nuageux et à la pluie de sang

qui coule dans les combats. Les orages, dans l'atmosphère, ont l'appréciation physique d'assénir l'air qu'on respire; mais, trop abondants, ils brûlent et dévastent toute la nature. Ainsi la guerre est un fléau dont un sage gouvernement peut tirer parti; mais, à la longue, il épuise et déconcerte les plus résolus.

Nous parlerons à ce berceau, immortel monument du Louvre et des Tuileries. Dans cette maison princière, l'histoire a inscrit bien des gloires, bien des merveilles, des enseignements fameux, des époques terribles; elle présente encore, pour des temps lointains, des marques différentes d'architecture, des appartements qui semblent produire les mœurs et les hommes qui les ont habités, des gages des générations passées, des travaux nouvellement construits qui le disputent aux plus vieux en science, en solidité, et portent chacun le génie de leur temps. Que de voix semblent se confondre dans ce palais. Les mânes anciennes viennent-elles revoir les lieux qu'elles ont occupés, et dans leur langage, qui est celui des morts, s'entretiennent-elles de ce qui s'est passé et se passe encore? Ont-elles leur esprit de désir, leur puissance de conseil, leur pouvoir d'influence? Et, qui sait si, depuis la première pierre du Louvre, celui qui l'a posée, à moins qu'il ne soit en enfer, d'où l'on ne sort plus; si le premier comme les autres, au ciel ou dans le purgatoire, n'ont pas le droit respectif de venir saluer les lieux habités jadis, de s'y entretenir entre eux, et d'y placer des idées recueillies, par le respect et l'attention des contemplatifs? Qui sait si l'autre monde ne s'occupe pas constamment de celui-ci, avec la charité et la science que de grands cœurs ont pris et conservé toujours, pour en faire l'élément de leur vitalité soit à la vie provisoire, soit après la mort? Qui sait quels emblèmes Napoléon IV, même dans son berceau, peut commencer à examiner, à suivre, à désirer, à faire? Quelqu'un peut-il dire ce qui se passe dans l'enfance, et comment nos premiers regards, étonnés d'abord, et puis fixés, se remettent à une expérience qui ne tarde pas à discerner les objets, à impressionner les enfants en bas âge? enfin, dans ce Louvre de Paris, riche de tableaux, de science, de puissance, d'ordre et de confiance pour l'avenir, au milieu des visiteurs, au sein de cette cour majestueuse, d'où se déroulent, pour toute la France, les lois, les bienfaits, les ordres du gouvernement, ce qu'il y a aujourd'hui de plus aimable, de plus saisissant, de plus auguste, de plus fécond pour toute sorte de méditations, c'est l'enfant qui vient de naître.

Nous n'avons pas le droit de nous escrimer sur les horoscopes. Ce n'est pas assez sérieux pour un prêtre; l'on ne veut plus aujourd'hui que les étoiles, la lune fassent quoi que ce soit à la naissance des enfants ; l'on ne veut pas attacher aux planètes la destinée des princes, les globes lumineux sont trop matériels, et notre esprit trop prompt, encore qu'il soit atteint par la matière, veut prédominer les chances, et en quelque sorte baisser l'adage qui a dit : la circonstance fait l'homme. Notre esprit prend un essor plus libre en dépit de Nostradamus, nous ne naissons plus colères ou réfléchis, imprudents ou sages, parce que nous naissons sous la Vierge, le Capricorne, le Lion ou la Balance.

Quoi qu'il en soit, les circonstances ont leur jeu dans la conduite des enfants d'Adam, et je suis sûr d'être approuvé par Napoléon IV lui-même, en lui disant : Vous naquîtes au milieu du mois de mars, de ce mois choisi par les guerriers en leurs opérations martiales, fils d'un Empereur aussi intrépide que courageux, fils d'une Impératrice dont le père mêlait son sang au sang des braves dans le cours du grand Empire, aux bouillonnements de courage toujours accessibles aux Napoléons ; votre âme, frappée et surprise, s'écriera sur le sol français : terre des braves, et moi je suis Napoléon.

Que dans un opuscule, où l'on ne veut que fêter une naissance illustre, l'on s'abstienne de toute réflexion politique ou prophétique, qu'on n'entre que faiblement dans le giron de l'histoire, et qu'on laisse à la Providence ce qu'elle seule peut décider ; cette prudence doit surtout ressortir en cet écrit, mais notre travail sera bien exigu si nous ne conférons avec l'Enfant des Tuileries comme nous le ferions si nous étions à même de l'instruire ; nous ne le sommes certainement pas, c'est tout à fait pour applaudir à l'esprit de l'épiscopat français que nous dessinons quelques heures en mode de conversations.

Prenons donc la semaine de la naissance du jeune Prince, et, sous les auspices de la religion, disons à l'Enfant qui nous occupe : Votre naissance date du jour des Rameaux, 16 mars 1856. Les prophètes avaient rendu ce jour illustre, et l'un d'eux l'avait destiné au triomphe d'un roi pauvre, plein de mansuétude et de puissance. Que sont les prophètes, me direz-vous, dans votre premier langage? On appelle de ce nom certains hommes qui ont révélé à leurs semblables les ordres, les desseins de Dieu, et qui ont marqué pour tous les temps, ou pour des temps éloignés, des événements qui ne manquent jamais de se réaliser. Et Dieu, qu'est-il ? C'est un être qui se représente sous des formes infinies, dans tous les ouvrages qu'il a faits. Les formes ne sont infinies en aucune manière, mais dans les idées de Dieu il peut les modifier à l'infini.

Tout ce qui existe a donc des rapports directs avec Dieu, et ne peut s'en séparer sans ramener le chaos et la confusion, qui ont pu précéder le monde. Les pierres, le sable, la boue tiennent aux éléments, et leur demandent d'où proviennent le trouble et l'agitation qui les poursuivent en tous lieux. Nous-mêmes que sommes-nous? si ce n'est un genre de Dieu et une espèce qui vient de lui. Vous ne me trouverez pas d'abord fort intelligible, mais si vos Universités, ou du moins celles des corps savants, se sont battus pendant cent ans sur la prononciation de la lettre A, que deviendrions-nous s'ils se battaient pour le genre et l'espèce : ces mots se rapportent à des idées dont on sépare le sens, et à d'autres qui les réunissent. On ne voit pas toujours clair dans ce monde, l'éblouissement nous arrête sur les hauteurs et dans les abîmes; on ne peut en sortir avec les ressources de notre esprit!

Vous ne tarderez pas à me dire que Dieu est mal représenté en certaines choses; c'est, à mon avis, qu'il a voulu faire du courage, comme font à son exemple les Napoléons; il a dit je fais des ouvrages qui me plaisent, je les rends beaux et dignes de moi, je communique à ceux qui vivent en participation de l'intelligence le goût de l'admiration, et je livre à cet exercice des milliers de mondes où mes prévisions sont incalculables. J'ajoute à la faculté de comprendre celle d'aimer, de se réjouir, de se transmettre des affections, de se partager des jouissances ; tous ces êtres, dans la destinée première, marchent au même but, tous ont devant eux la route qu'ils ont à suivre, tous entrent dans la vie et la parcourent avec une égale facilité ; l'histoire de mourir et de souffrir n'avait plus de place, le perfectionnement des êtres suivait un cours régulier de temps et d'expérience toujours heureuse; il y aurait eu alors une uniformité d'ensemble. Dieu consent, en s'exécutant lui-même, à laisser plusieurs anges et puis les hommes se divertir, comme s'ils avaient voulu prendre à rebours ses desseins, changer ses plans, tourner la faculté d'aimer en celle d'aversion, de tromperie, de jalousie, d'injustice. En substance, l'idée du bien n'est complète qu'avec prévision du mal, l'idée de l'ordre, de la beauté, emporte un aperçu du défectueux ; comment trouverait-on la lumière préférable si l'on ne faisait abstention possible de sa valeur? Lorsque Dieu eut laissé descendre l'abîme jusqu'au fond, il envoya la mort pour attendre successivement le nombre des hommes qu'il se réserve, et nous voilà en travail, en recherches, en fatigue, en sueurs, en découvertes, pour revenir au bien-être du commencement. Il est fâcheux pour plusieurs qui ne comprennent pas, de risquer et d'encourir la chance qui les réserve à prouver très-solidement que l'ordre vaut mieux que le chaos, la patience que le désespoir, le paradis que l'enfer.

Mon idée principale représente Dieu considéré dans ses œuvres; vous, jeune Prince de l'Empire, vous êtes appelé à rendre l'idée de Dieu familière aux hommes, vous devrez reproduire, dans tous les traits de votre existence, quelque chose qui annonce les desseins du Tout-Puissant. Vous approuverez, vous ordonnerez, vous travaillerez pour ce que Dieu fit d'abord : il donna la lumière et lui accorda ses louanges; il lui dit qu'elle était précieuse et nécessaire à des milliers d'êtres qui ne pourraient vivre sans elle, et ceux qui semblent vouloir s'en passer, ont encore besoin de certaines lueurs pour leurs veilles nocturnes; lorsque l'Egypte fut couverte des ténèbres les plus épaisses, les hiboux eux-mêmes durent avoir peur.

Vous apprécierez mieux que moi, dans le progrès de nos sciences, ces phénomènes lumineux qui s'élancent dans l'espace, commencent ou finissent leurs évolutions, s'attendent, se soutiennent, se respectent dans l'emploi qui leur est destiné; leur masse est en rapport de l'action qu'ils doivent produire, et encore que le nombre en soit immense, jamais ils ne viennent se heurter, s'embarrasser ou se nuire. Vous n'aurez pas une plus belle idée de l'harmonie, du cours régulier des astres et des étoiles, qu'en voyant votre belle armée. Cent mille hommes au Champ-de-Mars, commandés par vous-même ou l'un de vos généraux, opèrent des évolutions remarquables d'ensemble et d'unité; deux cent mille bras présentent une ligne de leurs armes fixe comme un rayon du soleil, la marche est celle d'un seul homme; ces milliers de fusils ou d'épées s'ébranlent, se retirent, suivent le même niveau, opèrent dans les mêmes proportions, quelquefois se joignent, changent d'espace, se déroulent en différentes appréciations d'attaque, de défense, d'élan ou de retraite. C'est un seul homme qui indique la stratégie. C'est un esprit qui a prévu les mouvements, a combiné les phases des différentes formes, et sa tactique bien essayée et bien prévue, présente un tableau admirable, uniforme et varié, multiple et d'un ensemble parfait.

Ainsi, Dieu ayant commandé aux astres, comme vous commandez à une armée, ils ont suivi sans interruption leur route d'aller et de venir, de se croiser ou de passer à côté l'un de l'autre; vos astronomes vous feront lire dans ce premier ciel qui se combine avec nos travaux, qui nous vient en aide par la variété des saisons, qui n'a que nous, parmi les êtres visibles, pour être ses admirateurs. Nous seuls

cherchons à connaître ce que font tant d'é-
toiles pendant la nuit, ce que fait le soleil
quand il n'est plus sur notre horizon, combien
d'espaces les mondes aériens ont à parcourir,
et, effrayé de leur route, fatigué de tant de
vitesse, notre esprit a voulu s'ingénier, et
charitable sans doute, il a diminué leur rôle
en faisant tourner la terre sur elle-même, de
façon que nous avons les pieds opposés aux
antipodes, et notre tête dans un sens est en
haut, dans un autre est en bas. Vous n'aurez
pas peur de cette construction physique de la
terre, le privilége des Napoléons est la bra-
voure.

Vos astronomes vous compteront aussi, non
pas le nombre des étoiles, c'est trop difficile,
mais le temps qu'il faut à la lumière pour arriver jusqu'à nous, les lieues qui nous sépa-
rent du soleil, les éclipses et leur durée ; les
comètes qui, comme des vierges folles, s'avi-
sent quelquefois de nous présenter une cheve-
lure lumineuse, d'occuper une place qu'elles
laissent vide en d'autres temps, et de courir
d'un côté et d'autre, comme si elles voulaient
censurer et reprendre, donner des ordres ou
s'en faire accroire.

Qu'une épidémie, une guerre, la mort d'un
prince, une éruption du Vésuve ou de l'Etna,
un éboulement de terrain, un envahissement
des mers, ne viennent pas se produire ensem-

ble avec la comète ; celle-ci, outragée, maudite, portera les alarmes de notre courroux. C'est elle, dirons-nous, qui l'a prédit, c'est elle qui nous a valu notre perte et notre malheur ; elle est venue troubler notre repos. Et l'astre insensible, indifférent à nos pleurs, se retire ou demeure sans rien connaître à nos douleurs.

Il est une science des faits, qui tient même à l'existence de Dieu, qui est une propriété de la nature, plus forte que le raisonnement. Celui-ci peut échouer, à cause de la mobilité de notre esprit, qui ne peut sonder les profondeurs des sciences ni de la nature, et qui ne voit pas les ressorts cachés dans la cause des choses. Il garde sa certitude d'existence, puisqu'elle est la vie morale et intellectuelle ; mais, dans les doctrines, toute spéculation est nuageuse, et la dispute devient souvent interminable par la seule appréciation de raisonner. Lorsqu'une croyance est nécessaire, qu'elle est indispensable à notre condition d'homme, qu'il faudrait se perdre et se matérialiser tout entier sans elle, et qu'un chaos énorme de déceptions nous rendrait pires que les brutes, ceux qui ne s'oublient pas aux derniers rangs de la dégradation, maintiennent une science auguste et religieuse, n'importe les difficultés qu'ils rencontrent. Il en est autrement pour des conjectures, en matière de comètes, d'astronomie, d'idéologie : il faut prendre le temps de les laisser mûrir ou de douter de leur évaluation.

Comme la lumière, dans l'ordre physique, est un élément de vitalité dans l'ordre moral, il est aussi un élément lumineux spirituel non moins nécessaire. Ce n'est plus ici le moment du jour ou de la nuit, de voir clair pour guider sa marche ou de tomber dans la fosse, c'est une lumière de conscience, de devoirs et d'espérance, de droits acquis ou à espérer, une lumière de lois, d'attention pour les personnes et les propriétés. Les peuples qui ont des villes et des demeures, du commerce et des richesses, firent toujours des règlements et organisèrent un service pour obliger à suivre le dispositif de leur prévision et des besoins sociaux. Comme les hommes naissent malades et meurent en leur temps; comme ils sont plus intéressés qu'intelligents, plus farouches que raisonnables, et que la conscience chez plusieurs est en défaut, outre qu'ils ne connaissent pas, ils ne veulent pas comprendre ; il a fallu entourer la loi de force armée et se convenir pour obliger les plus rebelles à ne pas froisser leurs semblables. La loi a dit : « Fais aux autres ce que tu veux qu'ils fassent pour toi, et ce que tu ne veux pas qu'on fasse à ton sujet, ne le fais pas aux autres. » La loi, ainsi conçue, fut de tous les temps et ne fut pas toujours observée ; il a fallu arriver à des moyens coërcitifs, à cause de l'égoïsme, de la paresse et de l'ambition. Les méchants, fussent-ils en majorité, comme ils ne peuvent se fier les uns aux autres, qu'ils ne déploient point leur force instantanément, l'on a pu les réduire. La loi marche donc précédée de l'épée vengeresse, suivie des cachots et quelquefois des supplices. Est-ce là toute la théorie des sciences gouvernementales ? leur suffit-il de commander aux hommes comme aux chevaux domptés, de s'en servir, comme à la ménagerie des animaux féroces que l'on destine à l'étude de l'histoire naturelle. Outre que jamais, avec de telles combinaisons, l'on n'a pu conduire un État social, et qu'il est inouï, avant Cicéron et depuis, qu'il existe une nation en l'absence de toute religion : *Non est natio tam rudis quæ ignoret esse deos* (Cicero) ; outre que les hommes subissent naturellement un instinct qui les porte à craindre Dieu et à en espérer beaucoup ; outre que l'homme n'arrive à se connaître et à se juger que par l'intermède de l'éducation, Dieu a placé sur la terre des monuments impérissables de sa volonté et de ses promesses.

C'est ici, illustre Napoléon, que vous pouvez vous réjouir d'être prince, d'être Français, d'arriver sur un trône qui, encore qu'il soit le plus beau de l'univers, vous laisserait dans le mépris de vous-même et des autres, si vous n'étiez qu'un être de passage, obligé de voir autour de vous des machines humaines, sans autre réalité que le présent, sans autre guide que leur intérêt, sans autre avenir que celui de passer soixante ou quatre-vingts ans dans une vallée de douleurs. Je vous conseillerais d'éloigner toute confiance de ces natures suspectes, sans frein consciencieux, et plutôt poussées à mal faire qu'à glorifier leur serment et leur devoir. Comment grandiriez-vous, si Dieu ne vous élevait jusques à lui, et quelle sera votre plus belle perspective, que celle d'aller rejoindre un jour Napoléon-le-Grand dans la hauteur des cieux, et lui remettre l'histoire de la vie telle qu'il l'attend de vous?

Vous n'aurez donc de solides prérogatives qu'avec Dieu, sous ses auspices et à la lueur des enseignements qu'ils nous a donnés. Vous n'aurez pas non plus à vous méprendre aujourd'hui sur le nom et la réalité du Dieu que vous avez à reconnaître. Le ciel n'est plus contesté ni contentieux entre plusieurs aspirants de la même force, comme fut autrefois l'Olympe. L'histoire peut parler encore de nos méprises, même en cherchant celui dont nous ne pouvons nous passer : c'est d'un souvenir regrettable. Depuis, Dieu a parlé sur la montagne de Golgotha d'une manière si divine et si solennelle, qu'on ne saurait plus tergiverser de bonne foi. Ce Dieu qui vous a fait naître vous a donné, à votre aurore, son jour de triomphe. Ne soyez pas ingrat, parce qu'il multipliera ses dons, vous environnera de ses faveurs, vous prédestinera à régner avec lui dans une autre ville, bien différente des Paris, des Londres, des Moscou; il vous associera alors à tant et plus de gloire, vous couronnera lui-même, vous gratifiera de son amour, partagera avec vous et ses nombreux amis l'océan de sa force et de ses grandeurs, vous comblera de plus de biens que le langage des hommes et des anges ne saurait le dire.

Si un jour, pour vous tromper, quelqu'un osait vous dire : Regardez la bassesse des hommes, voyez leur perversité et leur noirceur, comment voulez-vous que Dieu prenne soin d'eux et qu'il ait fait le sacrifice de s'immiscer à la famille de semblables individus? Répondez avec assurance que Dieu fait ce qu'il promet, qu'il ne prend pas conseil de ce monde, que l'homme est l'œuvre de Dieu, et que lui seul pouvait le réparer. Répondez que Jésus-Christ étant Dieu, n'a pu se souiller en se faisant homme, pas plus que les vices de la terre ne salissent son existence divine, et que vous êtes plus fier d'être chrétien que d'être empereur. Les déistes composent Dieu à leur manière; il est toujours fort à plaindre de sortir de leur imagination; les athées prennent des pécores pour leurs semblables, et confondent avec elles leur destinée. Fallait-il tant d'étoiles au ciel, tant d'esprit et de cœur chez les grands hommes pour arriver à la solution d'une bête.

Qu'il me soit permis de vous parler un instant d'une histoire qui est aussi celle de votre famille :

Le royaume de France et de Navarre avait longtemps oscillé en des phases de guerre, de querelles intestines, d'essais pour se mouvoir plus librement, et d'efforts pour retenir ou détruire les mœurs et les attributions d'antique servitude. C'étaient des droits partout, c'étaient des lois à n'en plus finir ; le clergé, la noblesse, tantôt se prêtant la main, tantôt se divisant ; les barons introduisent, au temps ténébreux du moyen-âge, des guerres attitrées de château à château, où entraient comme alliés ou compromis les moines et leur suite féodale. Longtemps il y eut plusieurs Frances : celles de Bretagne, de Bourgogne, d'Orléans, et même la France des Anglais. Charlemagne avait jeté un grand éclat et, appelant la science à son secours, il avait morigéné les nobles et le clergé, fait courir son nom chez les Grecs, qui voulurent lui déverser la monarchie universelle. Ses fils affadis laissèrent mourir ce soleil brillant ; il n'y eut plus pour conquérir que les Castor et Pollux, nouvellement éclos de Mahomet. Les croisades, fanfares guerrières qu'un moine mit en l'air et que les Papes consacrèrent, réussirent d'abord, et puis, noyées dans cette foule incohérente ramassée des quatre coins de l'Europe, scandalisant les Sarrasins par une turpitude de mœurs, elles mirent en défaut saint Bernard, qui avait promis des succès que ne méritaient pas de tels compagnons d'armes. Saint Louis, que les héros seront heureux de placer dans leurs rangs, avait doté son royaume de lois plus sages qu'auparavant, et admirables encore de science et d'équité; ni le clergé ni la noblesse ne le dominèrent. Ses guerres où il commanda en personne, réprimèrent les Anglais, faillirent conquérir l'Egypte, renverser les mahométans; et, comme il voulut être saint dans la ligne de ceux qui éclairent leur carrière par des prodiges, il alla mourir à Tunis.

Et puis les Anglais et les séditieux mirent la France à deux doigts de sa perte. Jeanne-d'Arc, guerrière d'un ordre nouveau, vient ramasser les débris épars de la royauté, remonte le moral des armées, paie de son sang comme les plus braves, fait sacrer son roi à Reims, continue de combattre, se laisse trahir et brûler comme une sorcière. Les prêtres d'alors avaient à cet holocauste infâme une grande part; les Papes ont rougi de cet excès, et ils ont réhabilité la mémoire de l'amazone française, que je crois vraiment suscitée de Dieu.

Et puis les guerres terribles des protestants présentent, de part et d'autre, les crimes les plus abominables de guerres civiles, et les scènes atroces, hypocrites et lugubres de la Saint-Barthélemy.

Ensuite, il fallut comprendre que le gouvernement, pour être fort, avait besoin d'unité d'action et de ne pas diviser ses forces avec l'aristocratie.

Richelieu, terrible pour tout le monde, implacable dans ses colères, maître du prince qu'il domine, vaste en ses projets, politique intrépide, fait de la royauté le centre de la puissance, et prépare, malgré la tourmente de quelques seigneurs, le grand règne de Louis XIV. Ici les savants du premier ordre jettent l'éclat le plus brillant qu'on ait jamais vu ; et si l'épopée ne nous manquait pas, ni Rome, ni la Grèce n'auraient aucune supériorité de talents littéraires. Ici, Turenne et Condé prouvent à l'univers qu'un génie puissant, même dans les hasards et les événements les plus douteux, les plus critiques, maîtrise la destinée et commande à la victoire. Louis XIV était digne de son siècle et des grands hommes qui l'entouraient ; il lui arriva quelquefois d'oublier la justice, qui n'est pas moins le soutien des trônes que la sauvegarde de la société, et de ne pas cacher des scandales voluptueux, qui font baisser l'estime des personnages qu'on voudrait le plus admirer.

Le dix-huitième siècle s'ouvre à la lueur de tant de flambeaux; dans l'ordre moral comme au physique, après une certaine hauteur il faut descendre. Le gouvernement commence par fléchir, se fatigue sur des finances épuisées, laisse la carte libre aux agitations religieuses; le jansénisme tourmente l'Eglise, les mœurs s'amollissent encore plus, l'on se dégoûte des sentiers battus de la foi; la puissance civile veut sa part des démêlés religieux, et y place sa force d'action armée et tyrannique. L'on s'attaque aux Jésuites, et, à force de persistance et d'intrigue, en Espagne, en Portugal, en Italie, en France, l'on oblige ces religieux à déguiser leur œuvre ou à fuir. Choiseul et Plombal lancèrent contre eux toutes les batteries de deux rois dont ils étaient ministres absolus. Soit que les querelles religieuses eussent dérangé les esprits, et que le luxe et la richesse, fatigués des sévérités évangéliques, voulussent s'en exempter, soit que l'erreur ait son temps de se produire en ce monde, et lorsque, partielle, elle essaie d'altérer le domaine de la vertu et de la foi, elle ne s'attaque alors qu'aux endroits qu'elle a rendus litigieux, soit que de plus grandes épreuves dussent se présenter, la plupart des savants conçoivent le dessein d'abattre la religion tout entière, et se mettent en travail d'exécution. Alors les grands mots d'abstraction , vides de sens , nature , destinée , organisation , finalité , intérêt bien entendu (qui ne doit être que le droit de tuer, de voler sans preuves), le sang chaud ou froid , les systèmes politiques : voilà le réseau du présent et de l'avenir ; plus d'hypothèses sur nos âmes , sur l'immortalité , sur la sainteté , sur Dieu , en tous ses mystères, vieux préjugés , illusions et inventions des prêtres. Les philosophes qui veulent ainsi prouver leurs thèses de matérialisme , roulant sans cesse sur des expériences physiques et corporelles, deviennent assommants , inintelligibles , jugent sans preuves , et finissent par dégoûter ; il leur arrive d'établir qu'ils ne font qu'un fatras de mensonges insipides , en laissant de côté les sources intellectuelles dont on ne peut se passer. Ce champ de bataille n'a rendu célèbre aucun philosophe. D'autres , mieux avisés, s'acharnent à exploiter les mines des objections, et voilà Voltaire prenant la Bible, la parcourt minutieusement, juge de tous les temps par les goûts du dix-huitième siècle , accroche çà et là les quelques contradictions qui ont plus d'apparence que de réalité, se moque de toutes les croyances, baffoue tous les systèmes religieux, et se vante d'en semer les débris. Le fameux Frédéric, roi de Prusse, applaudit aux esprits forts, s'improvise de poésie, veut être célèbre à la façon du temps, et parfois traite de drôles et de polissons les philosophes qu'il écroue en prison ou livre à la bastonnade, pour leur rendre plus sensibles les doctrines athées; Guéné, Nonote, réfutent Voltaire, mais les principaux talents jouaient pour la philosophie, qui depuis a failli perdre son nom et le changer en turpitude. Les châteaux, les riches, les jeunes gens, les hommes d'Etat, se parent de ces nouvelles livrées. Qui leur aurait dit, alors, vous allumez le brandon qui consumera vos maisons et vos tours; vous fabriquez la chaîne que vous porterez errants chez les étrangers; vous installez les bourreaux qui vont faire main-basse sur vous et les vôtres; vous livrez la France au pillage, à la boucherie; vous remettez le gouvernement à l'espèce de ces hommes qui se font un jeu de la justice; vous entassez les rapines, vous verserez plus de sang qu'on ait jamais vu en répandre chez aucun peuple. On n'y pensait pas: s'amuser aux dépens de Dieu, qu'importe !

Arrive 89, le préambule était bon : droits de l'homme, émancipation des peuples, abolition de féodalité, liberté des cultes, salaire du clergé, et, comme on le trouvait trop riche, vente de ses biens. Sous des couleurs où plusieurs se sont laissés prendre de bonne foi, ils fabriquèrent une Eglise qui, d'abord, n'avait pas l'air de se brouiller avec le Pape : on ne lui contestait que ses titres politiques, en espérant de le ramener au progrès des idées libérales. Mirabeau, qui faisait le plus d'éloquence et d'énergie, ne voulait pas tout confondre ; s'il eût vécu aurait-il arrêté à mi-côte la roue d'Ixion qui descendait toujours ? Après une chambre constituante en vint une législative qui fait attaque au peu de bien que l'on avait conservé ; arrive une Convention : qui gouverne alors en France ? on ne le sait pas ; les champions aux clubs ou en coteries se pressent pour la domination ; sous les accents de la Terreur, l'on brûle, l'on dévaste les églises, l'on tue ou l'on exile les prêtres ; des bandits, et il est honteux d'en trouver de tels en France, vont se disperser dans les villes et les campagnes, espionnent partout, et, au moindre signe de prières, condamnent en prison et dénoncent pour la spoliation. Les villes regorgent de sang, la justice est un trafic ; battre monnaie, c'est guillotiner d'abord et puis spolier. Si 93 eût duré deux ans de plus, la France, couverte de sang et d'échafauds, les égorgeurs se dévorant avec une égale frénésie, la prétendue loi agraire eût trouvé dans les jardins plus de pays qu'on n'aurait pu en cultiver.

Alors il y eut un grand homme, sa main se faisait sentir partout, à Toulon, à Paris, en

Italie, en Egypte ; son commandement brisait tous les obstacles ; sa présence enflamme les armées, sa parole est puissante et part en éclairs de génie ; l'on ne peut penser à lui sans l'admirer, l'on ne peut le voir sans éprouver un saisissement d'amour et de respect : lui seul en France n'a pas peur. Il se trouve un jour, à Paris, chez les municipaux, où se gardent les armes de ceux que la guillotine a emportés comme un torrent, un jeune homme en pleurs veut être soldat français, et demande les armes de son père, qu'il veut porter dans les combats. On le rebute, on le méprise ; ses pleurs surabondent, son cœur désolé entre la piété filiale et l'amour ardent de la gloire, souffre une agonie désespérée. Napoléon lui demande le sujet de ses larmes : « Général, répond le jeune de Beauharnais, je veux servir la France ; mon père n'est plus, ses armes restent et on me les refuse. » Ce ne sera pas pour longtemps, s'écria Napoléon, et, lançant un regard où Dieu a placé la force du commandement et l'irrésistible énergie d'une volonté toute puissante, il ordonne la remise des armes, et flétrit de son indignation et de ses menaces les clubistes insolents et dénaturés. La mère du noble de Beauharnais, sensible à la grandeur d'âme du général, lui en exprime sa reconnaissance et en obtient les faveurs dignes d'une belle âme.

2.

La France, avec un grand homme dans son sein, restera-t-elle la pâture de l'ignominie ? Comment, un peuple dont les armées culbutent les efforts combinés de toute l'Europe, n'aura ni patrie, ni autels, ni droit respectif de famille et de propriété. D'où sortent ces soldats si belliqueux et si braves ? Et faut-il, en repoussant l'invasion étrangère, ne recevoir des ordres qu'au moyen des échafauds ? C'était déjà trop d'angoisses : Napoléon ne veut plus que la France se perde et s'avilisse ; il demandera des lois, et, au refus des parlementaires, il organise une Assemblée parmi les plus respectables, établit un gouvernement régulier, un Consulat et puis l'Empire. Il n'oubliera pas la religion, parce qu'elle est vraie et nécessaire ; il répondra aux vœux de la nation, imposera silence aux meurtres et aux guillotines ; longtemps il goûvernera l'Europe et rendra la France à elle-même.

Dans votre berceau, ô illustre Napoléon IV ! portez déjà les emblèmes des grandes choses faites par votre oncle ; lorsque l'âge vous le permettra, vous aurez une longue étude à faire sur ces événements qui sont tout près de nous ; et lorsque la religion vous paraîtra plus désirable et plus grande que toutes les choses d'ici-bas ; lorsque vous comparerez le présent et l'avenir, mesurant le temps et l'éternité, vous trouverez en Dieu le seul bien solide ;

plein d'espérance et de réalité, vous vous ré-
jouirez d'être fait pour habiter dans les hauteurs des cieux, pour y trouver la plénitude de
la science et du bonheur, l'inaltérable existence des enfants de Dieu; vous passerez sur
les épreuves de la vie, pour atteindre le grand
but de l'éternité. Alors aussi vous porterez
un souvenir religieux à celui qui sauva la
France et rétablit la foi et l'honneur exilés de
sa patrie. Vous demanderez à Dieu d'être votre
protecteur, puisqu'il a suscité un Napoléon
pour lui rendre ses adorateurs, son Eglise et
son culte. Vous aimerez le jour des Rameaux,
jour de votre naissance, jour de triomphe de
Jésus-Christ.

Jésus-Christ, homme-Dieu, dont vous ap-
prendrez à connaître les profondeurs mystérieuses, est l'essentielle certitude de l'existence divine; il est impossible qu'un homme
comme Jésus-Christ en impose, outre que sa
vie historique existe dès la première page de
a Bible jusques à sa clôture; outre qu'il mé-
nage ses jours pendant plus de trente ans,
qu'il ébranle dès sa naissance le ciel et la
terre, qu'il est poursuivi par la tyrannie et la
frayeur d'Hérode, qu'il se produit sans avoir
rien appris chez les hommes; qu'il commence,
continue et finit en traçant, dès le premier
jour, sa route pauvre, humiliée, d'où il ne
veut jamais sortir. Quelle noblesse, et simpli-

cité, et assurance, et force dans ses discours ; quelle science des cœurs, quelle appréciation en ses réponses courtes et décisives ; quelle facilité en ses miracles ; quelle assurance de l'avenir, en appelant auprès de lui, pour en faire les premiers hommes de l'univers, des ouvriers ignorants et timides, grands de sentiments sans doute, mais accoutumés à ne rien faire que dans la condition des plus pauvres manœuvres, difficiles à instruire, grossiers, incrédules, n'osant regarder les riches et les puissants, eux qui n'ont habité que des côtes et de pauvres rivages. Ce sont ces hommes et leurs semblables qui résistent trois cents ans durant à la puissance des empereurs et aux gouverneurs du monde chez les Romains.

En Jésus-Christ, toutes les vertus comme dans leur centre, sans excéder jamais, si ce n'est en miséricorde ; chez les princes, il pourrait y avoir écueil dans une excessive bonté ; mais en Dieu, où prouvera-t-il mieux qu'il est ineffable et infini, si ce n'est en pardonnant ? Cette matière porterait trop loin les limites de cet écrit. Je veux surtout vous représenter Jésus-Christ dans son courage et sa grandeur inimitable ; il a compté ses heures, ses semaines, ses années, il ne dépassera pas les voix prophétiques qui ont parlé de lui ; plusieurs fois il s'entretient avec ses disciples de ses derniers moments, et l'on frémit d'entendre Isaïe le comparer à un agneau de boucherie, à un spectre dont les membres sanglants sont déchirés; élevé en haut alors qu'il sera mort, sa force se découvre et sa puissance devient plus éclatante que jamais. Avant ce jour terrible, dont je parlerai encore, Jésus-Christ, dans son triomphe du jour des Rameaux, ordonne à Jérusalem et aux alentours un spectacle magnifique de manifestations joyeuses; on le chante comme le Dieu très-haut, l'envoyé céleste qui résume en sa personne tous les attributs de la divinité. Qui organisera cette fête? Les Romains sont idolâtres et ne veulent pas de la religion judaïque; les princes des prêtres, les docteurs de la synagogue mettent hors ligne de leur doctorat ceux qui veulent de Jésus-Christ. Quelques apôtres qui ont peur et tremblent comme des roseaux conduiront-ils leur chef au Temple, qui est sa maison et le trône d'où il règne sur les consciences? C'était peu probable; mais la voix de Dieu brise les cèdres du Liban, elle résonne dans les abîmes, elle allume les montagnes, elle fait tressaillir les astres, manquera-t-elle d'applaudissements chez les hommes? Jésus-Christ commence, il requiert une monture pour s'accorder avec Zacharie, s'assied sur un âne, et sa route n'est plus qu'un écho de cantiques; l'inspiration pénètre tous les assistants, les uns aux arbres qu'ils dépouillent de leurs

branches, les autres couvrent de leurs vêtements le sol où le Sauveur glorifié ouvre son
passage ; tout retentit aux environs de Jérusalem, et bientôt la ville inondée n'a plus
qu'un accent d'allégresse, comme il nous arrivera à notre entrée triomphale dans les sacrés
Tabernacles. Tant de mouvements n'ont pu
se cacher aux chefs, aux dignitaires de Jérusalem ; épouvantés jusque dans leurs demeures,
ils envoient avec prudence vers Jésus-Christ,
et leurs estafettes un peu humiliés arrivent
jusques au Sauveur : « Maître, disent-ils,
voyez vos disciples, refrénez leur élan ; ce n'est
pas légal d'émouvoir tout un peuple. — S'ils
se taisaient, répond Jésus-Christ, les pierres
elles-mêmes prendraient la voix et applaudi-
raient plus fort. » Il fallut laisser le torrent de
louanges parcourir toute la journée mysté-
rieuse ; il fallut que le Temple applaudît lui-
même au fils de David ; il fallut que l'allégresse envahît tous les quartiers de la ville
mémorable, et à son retour vers Béthanie,
sans doute, Jésus-Christ revient voir Lazare,
qu'il avait ressuscité après quatre jours de sé-
pulture, et qui paie à son hôte et à ses nombreux disciples le dernier repas de la fête.

Si un jour Napoléon IV veut accorder quelque loisir à une lecture rapide, à un sommaire
d'idées qui réveille les phases remarquables
des temps passés ; si cet opuscule s'ouvre de-

vant lui, ne pourrait-il que l'égayer un instant, l'engager à une étude plus sérieuse en des monuments certains qu'il aura à sa disposition, c'est plus que ne mérite une faible esquisse. Le hasard peut faire aux livres, comme en d'autres rencontres, une émulation ou un passe-temps.

Je vais encore bigarer le lundi et les jours suivants, et présenter à la hâte, comme une espèce d'aperçu, des anciens dieux et puis du Sauveur.

Lundi, jour de la lune. Hélas! aux maladies du genre humain, quoiqu'elles soient incurables en bien des saisons et sur bien des douleurs, à force de temps et d'épreuves, l'on arrive à pressentir certaines erreurs et à trouver remède à de grandes calamités.

Quoique la vraie foi embrasse le commencement, le milieu et la fin de l'homme, cette science qui enseigne la patience, la modération, l'espoir de retrouver ce qu'on a perdu, elle présente aux hommes impatients et ambitieux une digue qui n'est pas de leur goût. S'enrichir pour l'heure de la mort et après, fait une douce consolation; mais l'ardeur du moment, la fièvre de convoiter, la possibilité d'enlever aux autres ce qui nous sert pour nos passions, la guerre enfin, la convoitise, qui travaille chaque individu en lui-même et qui essaie de le placer au-dessus des autres l'appât des jouissances et de la domination trouvèrent les hommes disposés à butiner sur ce terrain et à y arriver par toutes sortes d'essais. Enlaçant leur destinée les uns aux autres, plusieurs furent d'avis de modifier à leur profit même les idées religieuses, et de tromper pour mieux réussir. Les phénomènes qui saisissent notre admiration, l'instinct naturel de la frayeur et l'adhésion à une force dominatrice hors de l'homme, dont on a besoin à chaque instant, lorsqu'on fut ennuyé de renvoyer après la mort le grand salaire de la religion, l'on trouva commode de s'attacher de plus près à une vertu quelconque; l'on en fit un patrimoine de famille, une terreur, pour les autres un moyen de réussir. Celui qui s'avisa de maîtriser la religion crut faire agir à son profit un des ressorts les plus puissants.

Le Sabéisme fut-il la première innovation des croyances, ou tomba-t-il sur des peuplades abandonnées? Comme il ne tarda pas à paraître après le déluge, il est vraisemblable qu'il était contemporain à Noé avant son arche. Je m'abstiens d'hypothèses qui me mèneraient trop loin. Il est facile d'observer qu'avec des mœurs énervées, un admirateur des astres a présenté le soleil, la lune, comme très-officieux et très-importants. On louait les hommes pour en obtenir des faveurs; il était tout simple de louer ainsi les astres, dont la magnificence semble nous rendre les plus grands services. C'est ainsi que longtemps le soleil reçut des hommages superstitieux; et la lune, qui devait paraître sa fille ou sa proche parente, ne se passa pas des mêmes félicitations.

Les savants distinguent dans le Sabéisme un culte secondaire. On adorait, disent-ils, les astres, en leur supposant une vertu divine, moindre que celle de l'Être suprême; on invoquait leur influence à cause de certains génies, ou démons, ou anges qui habitaient les hauteurs du firmament. La Perse, encore aujourd'hui, environne le feu de son culte et le vénère moins comme une idole que comme un emblème. La Chine, les îles du Japon ont leurs simulacres tout aussi absurdes qu'on puisse les supposer, et ne laissent pas dans leur science de présenter des idées caractéristiques de la divinité. Les Chaldéens, en Asie, qui furent l'un des premiers peuples les plus formidables, gardèrent longtemps le Sabéisme, même dans leur mélange avec les Mèdes et les Perses de Cyrus; alors aussi, et ensemble, l'on adorait différentes idoles. La lune garda ses partisans, elle convenait au calme des méditations. Adonis et elle furetaient jusque près du temple de Salomon; et quand Homère eut fait ou célébré de nouveaux dieux, Phœbé se sauva comme puissance mixte, cruelle quelquefois et puis complaisante. Les uns l'habillaient en Diane, les autres la laissaient au ciel. Les Grecs ne prirent pas goût à savourer les émanations lumineuses du firmament; ils préférèrent une famille de dieux, qu'ils faisaient agir pour leur compte, même en leur donnant des mœurs que leurs sages auraient censurées comme abominables. La poésie d'Homère enrichit l'Olympe, trouva des idées comme Moïse pour peindre le Dieu le plus grand, et le laissa pourtant embarrassé dans une généalogie criminelle et interminable; le destin surtout lui fermait la bouche, enrayait sa volonté.

Mardi, jour de Mars. Comme la guerre eut une importance suprême, et qu'à juste titre on l'appelle chance, hasard des combats, et que la victoire quelquefois tient à une idée, à une combinaison, à un rien, que même le général Pélissier eût manqué pour le moment son coup de Sébastopol, s'il n'avait reproduit le bombardement de onze heures avant midi; la guerre, disons-nous, eut besoin de s'attacher un dieu et même une déesse. Cependant on n'osa pas rendre ce dieu le plus puissant de tous, soit que l'on comprît que la guerre n'était pas l'objet le plus essentiel, soit que Mars ne fût pas de la première tradition, et qu'on embrouillât les enfants de Noé avec ceux de Saturne. Le patriarche navigateur du dé-

Juge avait maudit l'un de ses fils ; Saturne, qu'on jugea convenable de lui opposer, aurait voulu manger les siens, mais Jupiter et ses frères, Neptune et Pluton, lui échappèrent ; ils firent la dévotion des Grecs et des Romains. L'Egypte eut des dieux antérieurs, l'un au ciel, c'était du sabéisme ; l'autre présidait à l'agriculture. Ce pays si fertile abandonne ses premières adorations de sauvagerie pour les déverser sur les plantes, les chats et les bœufs Apis. *O sanctas gentes quibus hæc nascuntur in hortis numina*, disait Juvénal. Mars, tout terrible qu'il était, ne fut que dans un rang subalterne. Le docte et blond Apollon tirait de l'arc aussi bien que lui, et se serait battu contre le dieu de la guerre ; si on ne l'appelle pas plus souvent au combat, c'est qu'il était moins sanguinaire que son collègue, aimait davantage les beaux-arts. Il voyait avec peine que Mercure, son ennemi particulier, partageât avec lui le droit de l'éloquence. Le fameux larron lui enleva une vache sans qu'il s'en aperçût, encore qu'Apollon gardât aussi bien les troupeaux que les bergers de Palisse ; il ne dut pas lui pardonner cet affront.

Mercure appartient au mercredi, et pour sa part fut le dieu des voleurs.

Du moment que l'on prêta aux dieux les passions des hommes, et qu'on les immisça aux différents rôles qui se traduisent sur la terre, les voleurs eurent aussi besoin de leur dieu. Mercure avec sa baguette n'était pas sans affaires, il excellait en friponneries, et dut avoir bien des partisans. La plupart des hommes se trompant les uns les autres, employant un langage astucieux, il fallait par force que Mercure fût éloquent, au grand regret d'Apollon, comme nous venons de le dire. Ses pirates sur mer, une multitude de familles dans les déserts ou sur les frontières des provinces, ne vivaient que de brigandages; les peuples à leur origine n'étaient souvent qu'un ramas de gens dévoyés, Mercure avait beau jeu pour les encourager dans leurs envahissements ou les consoler dans leurs pertes. Châteaubriand a trouvé dans l'Inde une doctrine qui simule le dogme de la Sainte-Trinité, nous pourrions aussi retrouver chez les païens, avec le Dieu suprême, les anges, vertus secondaires, très-favorables à nos vœux, et les démons, puissances infernales, sans pitié ni commisération. Qu'étaient les harpies et les dieux infernaux? Le pauvre Tantale, Ixion et Titye, n'étaient-ils pas aux derniers degrés de l'infortune et des supplices? Cette manière de dénomination partielle avait embrouillé les croyances, et, chacun suivant son goût à la superstition, avait rempli la terre d'idoles, au point que Bossuet ne manque pas dire : « Tout était Dieu, excepté Dieu lui-même.

Quoique le monde soit revenu aujourd'hui de ces rêveries pitoyables, quand on voit des milliers d'années chez de grands peuples employées à cette prostitution, n'est-il pas évident que la science et la force de l'homme étaient impuissantes pour réformer des abus si enracinés, et qui touchaient de si près à nos passions. Les Socrate, Platon, Aristide, les Caton, Cicéron, Scipion étaient aussi habiles qu'on puisse espérer de le devenir en ce monde, et ils ne croyaient pas possible de refouler l'idolâtrie, même ils la respectaient comme un besoin social.

Il fallait Jésus-Christ pour mettre un terme à ces aberrations, et il le fallait, non dans la condition de Moïse, ou des prophètes qui ne pouvaient rien par eux-mêmes, et qui ne devaient être que des voix répandues dans la longueur des temps, pour représenter Jésus-Christ, il fallait un Dieu dans la forme de l'homme pour rétablir les hommes sur un pied où ils pussent marcher pour aller au ciel. Il fallait Jésus-Christ, maître du temps et de l'éternité, donnant de son propre fonds, et plaçant la vertu dans son véritable domaine. Maintenant les hommes ignorent encore, ou suivent de très-loin le chef que nous avons, mais Dieu est sauvé du déluge de nos erreurs, et les mystérieuses obscurités ne tomberont plus dans la boue de nos curieuses inventions.

Jésus-Christ nous a appris Dieu et nous a appris ce qu'il était pour son compte, un complément de Dieu, riche d'une génération éternelle, reproduisant l'infini en l'occupant lui-même, jouissant d'un amour parfait, qu'il produit avec son Père, comme vitalité essentielle entre eux, et qui ne peut baisser dans une essence où il s'agit de Dieu. Qu'il se désigne en terme singulier, à cause d'une nature qui ne peut être que la même en eux, et à cause qu'ils la possèdent également dans une action de volonté et de puissance, où ils voient et décident de tout avec une égale facilité et la même science, l'Etre suprême ainsi compris en trois existences personnelles, dans la distinction de leur propriété respective, vaut mieux qu'un Dieu solitaire qui n'a rien en lui-même pour s'occuper, et dont les regards monotones ne présentent que les mêmes résultats. Ce n'est pas dans ses créatures que Dieu peut se plaire davantage; ces choses ne sont que des formes qu'on aurait pu faire autrement, c'est en lui-même une variété divine qui doit fournir son élément de bonheur et d'admiration. Le Seigneur ne peut que s'admirer lui-même, et nous-mêmes ne pouvons que l'admirer et le connaître de fort loin.

Ne nous étonnons pas de voir Jésus-Christ, instituant la religion, ne pas lui ménager les mystères; il sait et il nous avertit que nous ne pouvons pas pénétrer dans son sanctuaire, ni voir ce qu'il connaît en seul. *Omnia mihi tradita sunt à patre meo, nemo novit filium, nisi pater, neque patrem quis novit nisi filius.* (Matth.) Un savant n'aurait rien mis d'étrange dans la foi, il aurait eu peur d'être contrôlé ou de n'être pas compris. Jésus-Christ se fait comprendre à ses disciples, et leur ouvre l'esprit pour saisir ce qui peut les éclairer et les rendre dociles à sa voix. Dès lors les apôtres reçoivent un gage de son amour, dans du pain consacré qu'il leur présente : Voilà mon corps, leur dit-il ; dans du vin pareillement qu'il a béni, il ajoute : Voilà mon sang ; faites ces choses en mémoire de moi. Irons-nous limiter la générosité du Sauveur, irons-nous nous préoccuper de son corps si libéralement donné ; lui qui veut être présent à la prière de ses amis, ne peut-il pas l'être d'une façon toute divine, lorsqu'on rappelle ses intentions et ses paroles.

« Nous vivons en Dieu, disait saint Paul aux Athéniens, Jésus-Christ fait participer son humanité aux trésors de la science, de la sagesse, de la puissance et presque de l'ubiquité. Qui connaîtra les prérogatives d'un Dieu infini dans ses ressources, nous apprendra à les restreindre ! »

Au jeudi de la grande semaine, les disciples reçoivent les plus amples instructions ; il est solennel de voir le maître qui se prépare à la mort, lui qui ressuscite les autres et se promet d'en faire autant pour lui ; lui qui insiste sur le pouvoir qu'il a d'aller mourir de son plein gré, sans que personne puisse le forcer ni l'empêcher de reprendre la vie, quand il lui plaira de le faire ; lui qui s'afflige d'avoir un traître au nombre de ses amis, qui s'en plaint au perfide lui-même ; lui qui voit que tout le monde va l'abandonner, et que le plus intrépide de ses convives le reniera trois fois ; il l'en prévient d'avance ; lui qui, présent à toutes les douleurs qu'on lui prépare, voit bouillonner l'effervescence de ses ennemis, entend les insultes grossières dont on va l'accabler, se retire sur une montagne où l'on sait qu'il va d'habitude, et, cette fois, entre Dieu et les douleurs affreuses qui se préparent, il prie au sujet du calice dont il a parlé tant de fois, et duquel il a dit qu'il l'avalerait jusqu'à la lie ; il ne laisse pas de prier un instant, il accorde cette consolation à son agonie, où il verse son sang mêlé de pleurs. Pour toute réponse un ange lui montre le Calvaire.

Le vendredi est tout prêt à le recevoir. Avant le jour, il fut attaqué par les émissaires des prêtres et des pharisiens, Judas à leur tête ; il leur parle encore en maître, les renverse une fois par une seule parole, leur fait voir qu'il est en état de leur résister sans avoir à craindre leurs efforts. Dans cette confusion nocturne, dans ce nombre délégué de drôles, de domestiques, de manœuvres et de soldats extraits de la garde urbaine, sans rang, sans ensemble, sans ordre, Malchus eut une oreille coupée par saint Pierre, Jésus-Christ s'approche, touche la plaie, guérit l'oreille et dit : « Ceux qui frappent de l'épée périssent par l'épée ; ne puis-je pas prier mon Père et il sera à mon secours bien plus que douze légions d'anges. » Il ajoute pour ceux qui étaient venus l'arrêter : « Vous me cherchez comme un voleur, avec des armes et des bâtons ; chaque jour j'étais au temple votre docteur, et vous ne pensiez à me résister, cette heure vous appartient et appartient aussi à la puissance des ténèbres. » Judas avait déjà donné le baiser de sa façon ; le fils de l'homme, ému jusqu'au fond de ses entrailles, ne put que lui dire : « Mon ami, que faites-vous? »

La foule se pressant davantage, les plus furieux se saisissent de sa personne, s'empressent de le garrotter, le poussent devant eux comme un criminel. Le succès de leurs outrages les rendant plus fiers, ils se confirment dans cette idée que c'est à grand tort qu'on avait peur de ce fanatique, et pour s'essayer, s'encourager les uns les autres, ils multiplient les coups, les injures, les fouets, et arrivent ainsi, de chez Anne chez Caïphe, qui tenait synode avec les scribes, les pharisiens et les prêtres. Ceux-ci, au comble de leurs vœux, déploient l'importance magistrale de la justice ; et il est à remarquer qu'à moins qu'on ne soit excédé dans les causes les plus iniques, l'on aime à employer un appareil judiciaire. Les premiers témoins entendus font sonner bien haut une idée religieuse ; il a dit : Je détruirai le temple. C'était grave ; ils étaient contents d'ajouter ironiquement : Dans trois jours je le réédifierai.

Il y a des mystères à la vie, à la mort et dans l'ensemble de nos destinées ; ne doivent-ils pas abonder en Jésus-Christ ? Que faire de Caïphe, au compte-rendu de la résurrection de Lazare ? Ses adhérents désespérés, et d'un ton qui n'en peut plus, s'exhalent en disant : « Le prétendu Messie fait beaucoup de miracles ; si nous lui lâchons les rênes, tous croiront en lui, et les Romains ne tarderont pas à venir et à nous bouleverser. » — « Vous ne savez rien, répondit le grand-prêtre ; ne faut-il pas qu'un homme meure pour sauver le peuple ? » Ce n'est d'abord qu'une réponse scélérate qui veut condamner un innocent ; sa mort n'empêchera pas les Romains de suivre le cours de leur domination. Saint Jean ne laisse pas d'accepter comme prophétie un tel langage, qu'il ne restreint pas au salut des Juifs ; il l'étend à tout l'univers. Dans la dissection des sciences religieuses, l'on est frappé de voir, dans la longueur des temps, un dogme singulier et très-opposé au raisonnement : c'est celui de se dévouer pour les autres ; superstition si l'on veut, mais inscrit dans les croyances populaires sous le nom de réversibilité. Ainsi, aux guerres exterminatrices, un général se tue, et sa mort annonce la victoire ; en Phénicie, les rois immolaient leurs enfants pour arrêter de grands désastres ; à Rome, la roche Tarpéïenne, et ailleurs les exemples fourmillent de sacrifices de sang humain. Je crois que la barbarie de l'égorgement forcé n'est ni plus ni moins qu'un acte d'assassinat qui ne doit plaire qu'aux démons ; mais les dévouements volontaires ont une idée plus avantageuse, et de grands cœurs se sacrifiant pour la patrie ont moins le dessein du suicide que celui d'exalter leurs compatriotes et de provoquer la miséricorde divine.

Cette analogie d'une croyance ancienne avec celle que Jésus-Christ établit, de sa mort réversible plus ou moins à tous les hommes, n'empêche pas l'iniquité d'être à la charge des Juifs ; ils voient leur main et leur haine chargées de colère et d'injustices, à l'encontre d'un homme qui ne leur avait fait que du bien et qu'ils n'avaient pas appris à connaître assez ; il avait blâmé leurs vices et leur dévotion plus factice que réelle. Mais Dieu sera-t-il

plus indulgent, parce qu'on n'a pas de cen-
seurs pour les crimes? Quant à la réversibilité
et à la loi du talion, chez les hommes, elles
paient souvent de la même monnaie, on ne
sait comment les accommoder avec la justice.
Voyez un appareil formidable d'holocauste et
de victimes, quelquefois c'est pour effrayer
ses adversaires, pour imposer davantage,
comme Théodose au massacre de Thessaloni-
que; d'autres fois, l'on veut donner à croire
que le supplice des uns sauve les autres. C'est
alors pactiser avec les dieux, et leur dire :
voilà votre part et laissez-nous le reste. Ces
idées s'arrangeaient plus ou moins ainsi dans
la tête des païens.

La loi du talion traite comme l'on a traité,
se sert de la même mesure qu'on a employée
pour les autres, dent pour dent, œil pour
œil, vie pour vie. Si le coupable ainsi atteint
ne reçoit que dans la proportion de ses mé-
faits, c'est pratique religieuse de la justice.
Mais la loi du talion va plus loin : si je manque le criminel, j'atteins ceux qui viennent
après lui; si l'on a excédé dans le courant des
siècles, on fait payer pour les ancêtres ceux
qui suivent, et l'histoire n'est pas mal garnie
de ces sortes d'événements. Qu'on ne dorme
donc pas tranquille après les crimes : si le pa-
tron évite la roue, ses adeptes ne la manque-
ront pas. La réflexion de saint Jean ne porte

pas sur ce que je viens de dire, qui est une pure digression, elle met en rapport les paroles du grand-prêtre avec la science prophétique qu'il rencontra sans s'en douter.

Lorsque Caïphe s'aperçut que les témoins contre Jésus-Christ n'offraient que de vagues accusations, il se presse d'arriver au nœud gordien : « Au nom de Dieu, dis-nous si tu es son fils. » — « Je le suis, répond le Sauveur, et vous me verrez un jour assis à sa droite au-dessus des nuages. » Alors le pontife déchire ses vêtements, dénonce le blasphème et n'a plus besoin d'accusateurs. On porte la condamnation de mort. La loi de Moïse condamne, en effet, les blasphémateurs ; mais Dieu est-il dans l'usage de leur prêter sa puissance, et le Seigneur n'avait-il pas dit de scruter les Ecritures ? n'avait-il pas autrefois modéré cette fièvre d'incrédulité, qui ne supporte pas qu'un homme s'approprie exclusivement le titre de fils de Dieu en égalité avec le Père. David, parlant de ses semblables, leur dit : « Vous êtes des dieux. » Toute doctrine a son juge dans l'Ecriture. Il ne fallait pas s'alarmer sitôt et mieux comprendre ce qu'on devait croire. Un homme, qui avait son nom répandu dans toute la Judée, qui avait enseigné dans le Temple, et porté l'édification de la sainteté et des miracles, devait-il être traité comme le premier inconnu ? Et puis la condamnation à mort autorise-t-elle toutes les cruautés et toutes les horreurs? Ne devait-on pas d'ailleurs permettre les témoins à décharge et même les demander?

A cette explosion brutale de tant de voix qui se réjouissent d'un homme condamné, livré à la dérision, outragé, souffleté, couvert de crachats, saint Pierre vient ajouter sa coupable mésaventure : « Vous étiez de ses partisans? lui dit une servante. — Point du tout, je ne le connais pas. — Votre mine de Galiléen, votre apparition au Jardin-des-Olives vous ont fait remarquer? — On s'est trompé; je proteste n'avoir rien de commun avec lui. » Le coq pousse son chant, Jésus-Christ regarde l'apôtre infidèle. Qu'est devenue l'intrépidité de la veille, la résolution de suivre son maître à la mort? Saint Pierre, revenu à lui-même, s'efface de la scène, sort de ce lieu de scandale, ouvre son âme à l'amertume, une fontaine de larmes à ses yeux. Dès le matin, on se confirme dans la résolution de faire mourir le prisonnier et d'en finir avec lui, d'autant mieux qu'on s'est porté à tous les excès. Un point sans plus les retarde : c'est Pilate, gouverneur romain, qui sanctionne les condamnations capitales; mais l'on va remuer tant de ressorts, soulever tant de passions, il faudra bien lui arracher la sentence.

Cependant Iscariote, qui s'était trouvé insensible aux reproches de son maître, et qui avait l'air de mettre à l'épreuve et la synagogue et le thaumaturge, informé du cours que prend sa trahison, ne peut plus se supporter lui-même ; trop de souvenirs l'étouffent, il ne sait plus où se cacher ; bouleversé et coupable, l'argent qu'il a reçu le brûle et le déshonore, il rapporte cette somme tout désespéré : « Je suis criminel, dit-il, d'avoir livré le sang du juste. » Les autres le méprisent comme il arrive toujours, et achèvent de le confondre en le traitant avec dureté. Ne sachant que faire ni que devenir, il va jeter l'argent dans le Temple et livrer son col à la corde du suicide.

Les Juifs ont conduit Jésus-Christ devant Pilate, et, sans préambule, ordonnent ratification de sa mort : « Nous avons une loi, disent-ils, et, selon cette loi, il doit mourir. » Une affaire de cette importance avait remué trop de monde pour que le gouverneur n'eût pas éveil de ce qui se passait, et Pilate vit très-bien qu'on le livrait par jalousie, et que cet homme religieux ne méritait pas le sort des criminels. Les débats s'ouvrent avec persistance, les accusateurs n'ont pas un moment de repos, ils s'agitent pour une cause qui leur est due et qui les regarde seuls, ils ne supportent pas qu'on leur demande le moindre examen, eux ont jugé, tout est fini. Pilate ne

veut pas, il se met en frais d'expédients, s'a-
dresse à l'honneur de la nation, à la commisération publique, rien ne lui réussit. Il rencontre Barabbas, et la coutume de délivrer un
malheureux au sujet de la fête de Pâques;
Barabbas est exalté, réclamé, préféré de beaucoup à Jésus-Christ. Pilate encore renvoie à
Hérode un homme qui était de Galilée. Hérode, émerveillé, n'eût pas mieux désiré que
de voir des miracles; mais Jésus-Christ n'ouvre pas la bouche. Le roi, indigné, lui jette
par dérision un manteau de pourpre sur les
épaules et le rend à Pilate. Voilà encore de
nouvelles luttes. Le gouverneur espère vaincre
l'obstination et émouvoir la pitié; il fait fla-
geller Jésus-Christ, et, tout couvert de sang,
il leur présente cette victime : *Ecce Homo.*
Il n'a fait que les allumer davantage. La foule
éclate en récriminations, on s'élève contre le
gouverneur, on l'accuse de trahir César, on ne
veut de roi que César, et Jésus-Christ a dit
qu'il était roi. Pilate interpelle son accusé sur
sa royauté. Jésus-Christ l'avoue dans son sens,
mais non pas avec le régime politique : son
royaume n'est pas de ce monde. La femme
du gouverneur l'avait prévenu de ne rien faire
contre l'homme juste qu'elle avait vu en songe
pendant la nuit. Mais Pilate n'avait pas figuré
parmi les généraux intrépides des Romains.
Lorsqu'il vit que tout de bon l'émeute gagnait

de plus en plus, ne voulant accepter de responsabilité consciencieuse que le moins possible, il lave ses mains qu'il ne veut pas teindre dans le sang du juste, pendant que les autres s'écrient : Que son sang tombe sur nous et sur nos enfants. Dès ce moment, Jésus-Christ leur accorda cette destinée, et les Juifs, exilés, errants dans tous les siècles et dans tous les pays, porteront jusques à la fin le sang innocent qu'ils ont versé. En revenant vers leur Messie méconnu, ils trouveront la paix de l'esprit et du cœur et l'accord de leur doctrine biblique, et ils seront d'autant plus précieux, qu'ils sont, eux, le tronc de l'olivier franc, et que les autres ne sont entés que sur leurs rameaux.

La sentence de mort, une fois ratifiée par Pilate, les soldats romains s'emploient à l'exécution, qu'ils trouvent plus facile que de résister aux flots soulevés de la populace ; ils prennent leur part d'outrages déversés contre le condamné, ils le couvrent d'un manteau, lui font une couronne d'épines ajustée sur sa tête, un roseau à la main, et, fléchissant le genou, le saluent roi des Juifs. On lui fit porter la croix destinée à son supplice, et les tortures qu'il avait subies ayant affaissé ses forces, on lui donne, pour partager son fardeau, un étranger qu'on trouve sur la route. Ainsi ils arrivèrent au Calvaire, lui donnèrent à boire du fiel et du vinaigre, divisèrent ses vêtements qu'ils tirèrent au sort, écrivirent au-dessus de sa tête en lettres abrégées : *Hic est Jesus, rex Judæorum*, et le crucifièrent entre deux voleurs.

Ce ne fut pas sans jouir de ce spectacle, comme on avait fait toute la matinée. Les uns disaient : Il sauve les autres, et ne peut se sauver lui-même ; d'autres, qu'il voulait bâtir le Temple dans trois jours, qu'il ferait mieux de descendre de la croix ; d'autres, qu'on avait trop tardé à lui faire justice.

Jésus-Christ conserve sa douceur, sa modération ; il a, qui l'intéresse, sa mère au pied de la croix, et la recommande à saint Jean, disciple bien-aimé. Un des voleurs, compagnon de ses souffrances, demande une part à son royaume, et l'obtient à l'instant. Le Sauveur prie avant de mourir, et on entend qu'il demande pardon pour ses bourreaux : « Ils ne savent, disait-il, ce qu'ils font. » *Pater, ignosce illis*, autre supplication en élevant la voix, et il expire.

C'était environ l'heure de midi, avant qu'un soldat lui eût ouvert le flanc d'un coup de lance ; mais c'était aussi assez pour la journée la plus terrible qui fût jamais. Tous devaient être rassasiés ; les Juifs avaient assouvi leur haine ; la foule, dont l'instinct méprisable se plaît aux avaries, s'était roulée comme un torrent pour se déverser sur une pauvre victime ; Jésus-Christ n'avait plus de sang dans ses veines ; les prophètes l'auraient reconnu à leurs tableaux, et l'homme de douleurs d'Isaïe n'avait sur son corps, de la tête aux pieds, qu'une plaie défigurante. Le ciel voulait une victime auguste qui pût payer toutes les dettes de l'humanité, et présenter, au delà de nos crimes, la rançon expiatoire.

L'Agneau, immolé dès l'origine des siècles, qui avait accepté sa destination, le voilà égorgé. Tout autre sang, aussi stérile que la condition d'homme pécheur et misérable, n'aurait pu que bien peu de chose pour lui, et rien pour les autres. Ce sang, d'une source plus riche et plus puissante, va-t-il enfin réconcilier le ciel et la terre ? Que le ciel commence par reconnaître ce grand événement, et la terre lui répondra.

Voyez la mort du juste : ses beaux regards sont fermés, ses bras cloués, glacés, sans mouvement, sa bouche porte la pâleur, l'immobilité ; auguste visage où se collent vos cheveux épars, vous êtes livide et sans voix ; corps meurtri, côté ouvert, des gouttes d'eau et de sang se figent sans pouvoir couler, et les yeux, de toutes parts, viennent voir ce spectacle. Le soleil s'y refuse, éteint ses rayons, et pendant trois heures une nuit affreuse s'empare du globe ; le voile du Temple se déchire, les morts, dans leur cercueil, secouent leur poussière et apparaissent à plusieurs ; le Calvaire tremble et brise ses rochers. Les hommes apprennent qu'ils ont au-dessus d'eux une puissance qui peut anéantir leur dessein, et Joseph d'Arimathie va demander à Pilate le corps de Jésus-Christ, qu'il veut placer dans un tombeau qu'il se destinait.

Jésus-Christ fut enseveli, roulé dans un linceul, chargé d'aromates au poids de cent livres ; et encore que les esprits fussent dans l'étonnement de ce qui était arrivé, et qu'on ne fût plus disposé qu'à envisager le grand événement que du côté extraordinaire qui l'avait suivi, les Juifs veulent se précautionner jusques à la fin ; ils savent que Jésus-Christ s'est promis de ressusciter, ils veulent une garde au tombeau. Pilate accorde leur demande, et ils ne manquent pas de sceller la tombe et d'y tenir des soldats.

SAMEDI-SAINT.

Un homme s'est avancé sur la scène de ce monde, il s'est fait enregistrer au commencement d'un livre qui dure encore. Dès ce jour aussi, le monde humain fut en état de reproduire le chaos matériel, sorte d'amalgame où l'eau, le feu, le fluide, le solide, les vapeurs et le reste, confondus, mélangés, ténébreux, étaient ou n'étaient pas, étaient ou pouvaient être une existence morte. L'homme mortel et vicieux est pire que le chaos, il lui faut la mort; sans elle on ne saurait que devenir, et avec des besoins acquis par la concupiscence, la mort devient nécessaire pour faire place à ceux qui viennent à leur tour et s'en reviennent de même. Que l'homme soit un chaos bizarre et partout bigarré de vices et de vertus, c'est l'écho de tous les temps, de tous les âges. Faut-il ne lui laisser d'autre destination que celle de ce monde? dès lors il est inutile à lui-même, à Dieu, à la fabrique aventureuse qui en fait des oiseaux de passage; il devient un nuage volant chargé de toutes sortes de couleurs; esprit quelquefois, il veut tout comprendre; bête plus souvent, il ne fait qu'une expérience tantôt libre, tantôt forcée; existant sans cause suffisante ni probable, le voilà mystérieux et mystère sans y rien comprendre.

Vraiment alors, il serait fort dangereux que nous fussions encore dans une sorte de néant, obligés de nous débattre contre des illusions, des rêves, des fantômes, des fièvres délirantes, des volontés factices, une ignorance longue et interminable, une fusion de mensonges et de chimères, avec un aspect trompeur de réalité, croyant, ne croyant pas; enfin, existant pour la forme sans doute, et nulle part des motifs connus ni suffisants, soit du présent, soit de l'avenir : c'est à nous débattre dans la forge de Vulcain, tous estropiés et tous boîteux. Voilà bien où nous mène le matérialisme. Il n'y aurait pas plus alors de Sébastopol que sur la main; l'Empereur des Français et ses armées voyageant dans la nue, n'auraient fait sur les rivages russes que des incursions fantastiques et des ouvrages de héros comme dans la puissance des fées. Avec des raisonnements restreints aux barricades de ce monde, il est impossible de prouver autre chose, et votre nature y perd la voix et l'esprit. *Fiat lux*. Que Jésus-Christ vienne donc nous apprendre Dieu et ce que nous sommes; qu'il soit lui-même le grand Dieu, c'est forcé pour son œuvre, c'est de rigueur pour l'existence divine et la nôtre, sans quoi plus de sanction ni moyen de s'y fier. A lui seul, comme Dieu, appartient la réforme de l'esprit, la science de la foi, le guide de l'espérance, et, à ne pas en douter, une destinée par delà de ce monde. Que Jésus-Christ s'environne de l'infirmité humaine, qui paraît d'abord le laisser en notre mesure, aux lieux où il semble accepter d'ignorer en son ministère provisoire, et se faire moindre que son Père, c'est qu'il soumet la nature humaine, qui, en effet, est moindre que Dieu; c'est qu'il la soumet à un rôle et à un point d'humilité qui lui revient dans l'état où nous sommes, et dans la destination de mourir, qu'il accepte ; mais, en développant ses pouvoirs, il pénètre dans les perfections les plus divines, n'en laisse pas une qu'il ne partage avec son Père. Alors il décide de toute chose, à la vie, à la mort ; il s'abaisse ou s'élève selon la mission qu'il doit remplir.

Au Thabor, où les armées françaises ont gagné une bataille, il était Dieu ; à ses côtés, Moïse et Elie ; à sa face, une lumière resplendissante ; en tous ses membres, la force, la vertu, le pouvoir de maîtriser toutes choses ; les profondeurs de l'éternité s'ouvrent à ses regards, et dans ses mains la cause des choses suit l'impulsion qu'il lui plaît de leur donner. Il n'était pas en cette tenue à l'entrée de la ville qui lui refusa ses portes ; aussi s'en revient-il sans se plaindre. Il nous fallait un tel sauveur, un semblable docteur pour nous apprendre à souffrir et à attendre le moment de la moisson ; il nous a garanti le revoir qui nous est si nécessaire et si désirable. Hors de lui, il n'est plus possible de se retrouver. Nous ne sommes jamais hors de lui, parce qu'il commande partout ; en nous faisant voir ce qu'il a souffert visiblement sur la terre, il nous instruit assez pour que nous sachions quelle force il a placée dans sa patience, et que, comme il lui est arrivé d'être plus puissant par la mort, il lui arrivera d'être et de se comporter en Dieu dans ce monde et dans l'autre.

Jésus-Christ mort sur le Calvaire, sa puissance ne fait que ressortir davantage ; ses amis sont éperdus, ses disciples déroutés ; ses adversaires, après gain de cause, tremblent aussi, et ne voient rien de clair en épuisant toutes les ressources de la méchanceté ; ils comprennent à cette affaire qu'elle est insoluble sur la terre ; ils restent, sans réversibilité apparente, maîtres et vainqueurs ; ils se trouvent vaincus dans leur victoire, et, pour la première fois, la mort perd ses droits : celui qui a tué reste en vie, et le mort se trouve capable de bouleverser tous les vivants. Les Juifs encore osent se plaindre du séducteur qui a promis de revivre dans trois jours ; ils disposent d'une garde pour le surveiller. Mais quand un homme promet de revivre et de ressusciter, un homme tel que Jésus-Christ n'a rien dit, rien promis, rien fait qui ne fût adapté à sa mission ou à sa divinité.

Il faut donc chercher Jésus-Christ dans la mort comme dans la vie ; son corps étendu dans une caverne, avec les glaces du trépas, est sans mouvement et sans action. L'âme du Sauveur, que fait-elle ? La bouche qui a parlé le langage de l'amitié et de la confiance, le cœur qui a souffert de toutes les misères, le pasteur qui connaît ses brebis et les conserve en leur déversant la plus grande confiance, le père de l'enfant prodigue n'aura-t-il pour amis que quelques disciples ? Celui qui est la lumière du monde, qui éclaire tout homme venant sur la terre; celui qui est la vie et la vérité, ne doit-il rien à ceux qui ont vécu comme lui, prié comme lui, et qui, sans être à son niveau, ont appris à connaître ses voies et sa route. Ils l'ont appelé de leurs vœux, ils ont salué ses promesses. Le présent n'appartient qu'à un milliard d'habitants, le passé en renferme plusieurs, et l'avenir peut encore fournir un grand nombre de ces milliards. Jésus-Christ, à qui appartient-il? au présent. Saint Paul se déclare le plus misérable des hommes, s'il n'avait Jésus-Christ que pour cette vie seulement; et encore que les bienfaits du Sauveur, dans l'ordre politique, soient immenses, il n'en est pas moins vrai que ceux qui lui appartiennent ont moins de part aux plaisirs de la terre. Jésus-Christ embrasse donc le présent, le passé, l'avenir : *Jesus Christus, heri, et hodiè, et ipse in sœcula.*

Son âme ne voltigera pas autour de son tombeau pour attendre l'heure de reprendre son corps, elle sait cette âme ce qu'est Dieu, et ce que sont les destinées du ciel et les nôtres; quel nombre de croyants ont foulé la terre; et toi, Abel, précoce pour la vertu et pour la mort, ton sommeil n'est-il pas assez long; et vous, patriarches, qui avez vu l'origine des choses, et l'avez apprise d'Adam lui-même dans votre repos ou exil, n'attendiez-vous pas la véritable patrie; toi, Abraham, pour qui sont tes traités d'alliance et ta circoncision; vous, prophètes, qui n'avez pas ignoré la destinée des empires de ce monde, et qui tant de fois avez écrit la vie et la mort, les travaux et le ministère du Messie, qui avez proclamé la chute des dieux et des idoles au pays où elles étaient le plus en honneur. — Les saints qui ont vécu, où sont-ils? C'est vers eux que l'âme de Jésus-Christ se présentera; elle ira leur dire: Un temps s'est accompli, et l'autre viendra. *Habitantibus in regione umbræ mortis lux orta est eis.*

Régiments de saints, voyons si l'on mettra toujours en doute et Dieu, et le paradis, et l'enfer; pour nous, commençons de nous embrasser; autrefois vous avez combattu, je viens de combattre; j'ai laissé mon corps à la mort, en le reprenant, je vous apprendrai que vous reprendrez aussi le vôtre; qui êtes-vous? qu'avez-vous encore? La faculté de connaître, d'aimer et de jouir; dilatez votre existence spirituelle, avec moi vous aurez à fouiller tous les trésors de la science et de la puissance; soyez mes frères, car j'ai ainsi appelé les hommes que j'ai rachetés. Isaïe, Samuel, David, Daniel, paraissez, chaque chose a son temps; et toi, pauvre larron, qui as assisté à mon agonie, fais connaissance avec tes amis, suivez-moi tous, allons au ciel.

Cette âme, chef des prédestinés, découvre aux saints des anciens temps le Père, océan de gloire et de majesté; le Verbe qu'il engendre, sagesse et image de Dieu; le Saint-Esprit, fleuve de délices et d'amour, qui arrose l'existence divine toute entière; la grande nature, principe et auteur de toutes choses, se dévoile et fait entrer dans son sein les épouses de la foi et de la grâce. Au commencement l'homme, le premier homme savait beaucoup, et ignorait encore en voulant tout connaître, il est tombé dans un marais fangeux où lui et les siens ne savent plus que faire, que dire, que résoudre. Les anges, peut-on oublier ces armées incomparables, les anges voient et saluent les saints qu'ils appellent à leur bonheur; ils reçoivent, en voyant l'âme de Jésus-Christ, un accroissement de vertus et de gloire. Cette glorieuse assemblée ira-t-elle de suite s'installer aux demeures de la majesté et de la grandeur de Dieu, ou peut-être attendent-elles que leur Sauveur ait fini ses pèlerinages; elles possèdent déjà la liberté, l'essor de leur avenir et l'alliance d'épouses; les cœurs sont unis pour ne plus se séparer. L'œuvre de Jésus-Christ est avancée, mais ne touche pas à sa fin; il faudra qu'il parle de nouveau, se montre encore, non pas cette fois pendant plus de trente ans, mais durant plusieurs jours, il lui reste à recouvrer les brebis dispersées, à les remettre en haleine, à rajeunir des moyens épuisés, à pousser l'homme débile sur le plus grand théâtre qui fût jamais, à rendre des agneaux paissant au milieu des loups les plus cruels.

RÉSURRECTION DE JÉSUS-CHRIST ET FIN DE LA GRANDE SEMAINE.

Chaque chose a son signe qui la précède et l'indique : aux grandes ombres, reconnaissez les montagnes et les forêts ; aux sourds mugissements, aux échos prolongés et terribles, l'existence des mers ; à l'aurore de la vie, les mouvements qui l'agitent ; à la mort, la pâleur et l'insensibilité de nos membres. Aux grands événements où Jésus-Christ signale son passage ; vous avez dans ces temps le sacrifice d'Isaac, la royauté pacifique de Melchisédech ; la pâque des juifs, qui doit cesser lorsque la nouvelle apparaîtra ; le serpent d'airain élevé dans le désert, et Jonas qui s'enfuit au plus vite pour échapper à sa mission ; il rencontre celle de figurer la mort et la résurrection du Sauveur. Plein de vie, avalé par un poisson énorme, sur les mers témoins de sa fuite, Jonas parcourt l'Océan où l'a jeté la justice de Dieu : « Je suis au-dessous des montagnes, disait-il, ma tribulation est sans exemple ; mes cris s'agitent dans un gouffre qui n'a jamais entendu les soupirs de l'homme. » Jonas est rendu à la vie, au rivage, et arrive avec énergie aux menaces imposantes qui ébranlent une grande cité.

Jésus-Christ a cité Jonas à ses auditeurs les plus incrédules, et leur a annoncé qu'il renouvellerait son prodige. Les quelques gardes qui veillent au sépulcre, empêcheront-ils l'âme du Sauveur de rejoindre son corps? David a prédit le contraire, sa prière nous enseigne pour le corps du juste le retour à la vie, et non à la poussière, *non dabis sanctum tuum videre corruptionem.*

Le lendemain du sabbat, dès l'aube du jour, la terre tremble autour du cercueil mystérieux ; les anges, environnés de lumières, s'approchent et déroulent la pierre, les gardes tombent comme morts. Jésus-Christ prend son temps pour se remettre à la vie, il sort de la mort comme d'un sommeil qui lui a glacé tous ses membres ; il les réchauffe aux splendeurs de sa puissance, reprend un nouveau sang dans ses veines, s'ajuste l'impassibilité, l'agilité, la fraîcheur, la santé qui ne sera plus défaillante, et, homme ressuscité, il place et arrange le suaire et le linceul, roule ses aromates en leur lieu, garde en ses mains et ses pieds les traces de son supplice et de sa mort.

4.

Désormais ses vêtements c'est la gloire, la majesté, la joie, la paix, la force et un rayonnement plus éclatant que le soleil, et qui ne le laisse approcher qu'alors qu'il diminue lui-même sa clarté.

On ne pouvait pas avoir perdu de vue un homme que l'on connaissait depuis longtemps, qui avait assisté jour et nuit aux hospitalités nombreuses qu'occasionnaient ses disciples. Les anges annoncèrent aux saintes femmes, qui étaient venues au tombeau, sa résurrection et l'intention qu'il avait de réunir ses disciples en Galilée, et de les convaincre de ce qu'il leur avait dit; lui-même ne laisse pas revenir ces femmes, qui s'étaient rendues de bonne heure, sans se montrer à elles et recevoir leurs adorations. Sainte Madeleine, un moment troublée, ne tarde pas à reconnaître son maître; durant ce jour, les disciples d'Emmaüs s'entretiennent avec lui, et rentrent, le soir ou pendant la nuit suivante, à Jérusalem, pour faire part de leur témoignage.

Jésus-Christ ne tarde pas à se montrer à tous ses disciples moins saint Thomas; tous lui disent : Nous avons vu le Seigneur. L'apôtre incrédule résiste à leurs aveux, il se promet de voir plus clair que les autres : « Je ne crois pas, disait-il, et, pour y arriver, il faut que je place mes mains aux cicatrices de ses plaies. » Le Sauveur pardonne à cette obstination, il revoit ses apôtres et Thomas avec eux, leur souhaite la paix, et, sans hésiter davantage, offre son corps à saint Thomas, qui vérifie à loisir et ses pieds et ses mains, et la cicatrice qu'un coup d'épée avait occasionnée à son flanc. Thomas s'écrie : « Vous êtes mon Seigneur et mon Dieu ! » Jésus-Christ répond : « Vous êtes heureux, Thomas, parce que vous avez vu ; seront heureux aussi ceux qui croiront quoiqu'ils ne voient pas. » La mer de Tibériade fut honorée plusieurs fois de la présence du Sauveur, qui, pour dissiper toute incertitude, voulut boire et manger avec les apôtres.

A la simple inspection des faits, rien n'est moins douteux que l'impuissance des hommes que Jésus-Christ s'était choisis. Leur état, leur condition, leur faiblesse, leur goût pour reprendre leur première position, présentent d'abord qu'ils ne reviendront à l'apostolat que contraints, et après avoir reçu les dons qui leur manquaient, fonder une nouvelle religion chez les Juifs et ailleurs, ne pouvait arriver par les ressources ordinaires et avec des éléments aussi faibles. Jésus-Christ avait beau ressusciter et se produire à tous ses amis, ils auraient cru, mais ne se seraient pas produits en public, et ne se doutaient pas de pouvoir affronter des combats où leur maître avait laissé la vie.

Qu'on ne dise pas que Jésus-Christ aurait mieux fait de continuer lui-même à évangéliser, qu'il eût été désirable qu'il se montrât à Pilate, à Caïphe, à Hérode, qui voulaient tant de miracles, pour leur dire : « Vous m'avez tué et je suis encore ; cette fois rien ne peut me nuire, le fer, le feu, la malice ne peuvent m'atteindre ; dès lors, vous croirez, vous ferez votre devoir, ou je vais vous exterminer. » Il y a longtemps que, si Dieu avait tenu ce langage, les hommes, de gré ou de force, eussent changé leurs voies. Mais les temps passés auraient pu se récrier, il y aurait eu trop de différence ; et du moment que les hommes sont appelés à être libres de se se sauver ou de se perdre, d'avoir des sentiments religieux ou de s'en passer s'ils le veulent, non-seulement Jésus-Christ a assez fait, mais aussi au delà du nécessaire.

Ne faut-il pas plutôt admirer la douceur, la patience du Sauveur, sa longanimité, ses miséricordes. L'Esprit, auteur de tous dons, avait été promis aux apôtres ; en se répandant sur eux le jour de la résurrection, il aurait bravé l'orgueil et la méchanceté de ses ennemis, et refoulé sur eux le flux et reflux de leurs injustices. Alors aussi il aurait exaspéré plutôt que converti les coupables. Celui qui possède le secret des cœurs ne veut pas heurter tout de suite à des portes que l'ignorance et les passions ont fermées. La foi est paisible, elle doit plaire et éclairer, être reçue comme un hôte bienfaiteur ou fidèle ami, et un soutien pour toutes les épreuves. Un long mois laisse le temps de réfléchir ; les gardes du sépulcre sacré, quittes pour la frayeur qui les a accablés, ont fait à leur retour un rapport fidèle ; et, malgré leurs aveux, ont voulu encore résister, tromper, altérer leur témoignage et garder vers soi l'apparence de n'être pas furieux et sacriléges.

Jésus-Christ ne se trouve pas avoir placé dans le monde la paix qu'il recommande avec tant de sollicitude et de charité, et dont il veut surtout gratifier ses amis, les rendre seuls possesseurs d'un trésor qui ne peut tenir que de lui. De longues guerres ensanglantent ses fastes. Ici encore c'est le doigt de Dieu. Tout agresseur met les armes à la main de la défense, et partout on accepte *Vim vi repellere fas est.* Les enfants du Calvaire, au moins, au commencement et dès leur début, et pendant trois siècles, n'acceptent pas de prendre le glaive homicide contre les persécuteurs ; ils disent : Que peut la mort et ses souffrances ; et de nombreux martyrs, athlètes généreux, vont répandre leur sang comme l'eau. Pères, mères, parents, amis, loin de le maudire, glorifient un trépas qui conduit à Jésus-Christ et à son royaume.

Ces choses sont trop grandes, dira-t-on peut-être. Aller dans le sein de Dieu, disposer de sa puissance, commander à des millions de monde, n'avoir qu'à désirer, et sur-le-champ se satisfaire ; trouver la lumière qui nous obéit comme une servante obséquieuse, être de tous les biens possesseur ou même dispensateur, jouir de toutes les harmonies et de toutes les sciences, fraterniser avec le Sauveur devenu plus accessible par son humanité, l'aimer, l'adorer, se conjouir avec lui et ses anges, tout cela n'être que l'ombre de la réalité, ne sommes-nous pas affaissés sous tant de gloire ?

Si l'on est fâché de la bonté et de la grandeur de Dieu, c'est bien impardonnable ; ne trouve-t-on pas que, pour vivre pendant quelques printemps, le firmament n'a pas besoin de toutes ses clartés, l'homme de tant de désirs, nos goûts de tant d'attraits qui les poussent et les dirigent vers un meilleur avenir ?

Le respectable nombre de ceux qui s'appuient sur la foi n'est-il pas une indication plus solide, plus ferme que l'abandon que l'on ferait de soi-même, et je ne sais quoi de mortel et de périssable ? Pourquoi refuser des auspices qui nous sont offerts par une main puissante, par un personnage supérieur, aux chances de la vie la plus agitée et à la mort la plus douloureuse ?

Jésus-Christ, que l'on a tué tout un jour,

et dont on a voulu voir le dernier soupir, se présente trois jours après, retrouve une vie impérissable et glorieuse, soutient ses amis chancelants, et leur assure qu'ils partageront ses destinées. Jamais plus l'on n'avait entendu dans l'univers un sépulcre qui se couvre de gloire ; jamais plus la mort ne s'est trouvée en défaut ; jamais plus de résurrection semblable n'avait été annoncée ni effectuée ; elle parlera à tous les hommes, et dans tous les temps elle vaincra ses ennemis, et il sera vrai de dire : *Ubi est mors stimulus tuus, ubi est mors victoria tua.*

Voilà, illustre Napoléon IV, la croyance qui peut enrichir vos destinées ; voilà une espérance de règne qui vaut mieux que le trône où vous naissez, pour vous y asseoir au temps prévu par la Providence. Voilà encore la religion que votre oncle a tirée du mépris, où des hommes, bourreaux de leurs semblables, l'avaient jetée. Ce n'est pas la première fois qu'on a crié : A bas Dieu ! à bas le ciel ! à bas l'espérance ! Et Dieu, et le ciel, et l'espérance répondent par Jésus-Christ.

Que votre berceau porte avec confiance les emblèmes de la foi ; qu'une croix soit offerte à vos mains faibles encore. D'autres bijoux pourront amuser votre enfance. Lorsque l'esprit commencera à s'ouvrir en vous, sentira l'ardeur d'être éclairé et de parcourir les sciences ;

en voyant les croix d'honneur briller sur la poitrine des hommes illustres vos serviteurs ; en examinant leur héroïsme, leur probité, leur fidélité, vous comprendrez qu'il faut à de grandes âmes non-seulement une vie passagère, mais une destinée plus élevée et cachée en Dieu, en Jésus-Christ notre Sauveur.

Vous serez digne du nom que vous portez et de la famille auguste dont vous êtes un illustre rejeton ; vous ferez la joie de l'Empire ; vous préparerez à la France, toujours avide de progrès et d'illustration, des temps prospères, et attendrez votre récompense des mains de Jésus-Christ.

Clermont, imp. de Ferdinand THIBAUD.